SYLLABAIRE

POUR

APPRENDRE A BIEN LIRE

EN PEU DE TEMPS,

Enrichi de petites Historiettes propres à fixer l'attention des Enfans.

Sans la Science, la vie ressemble à la mort.

VALOGNES,

Imp. de HENRI GOMONT et MAILLARD, rue de la Trinité, n° 5.
1836.

Propriété

Des Dames Religieuses de Saint-Vaast.

A B C D E F G H IJ
K L M N O P Q R S
T U V X Y Z Æ ŒW
a b c d e f g h i j k l
m n o p q r s t u v x
y z æ œ w ç fi fl ffi »

LETTRES ACCENTUÉES.

â ê î ô û à è ì ò ù é ë ï ü

SYLLABES.

ba be bi bo bu
ca ce ci co cu
da de di do du
fa fe fi fo fu

ga ge gi go gu
ha he hi ho hu
ja je ji jo ju
la le li lo lu
ma me mi mo mu
na ne ni no nu
pa pe pi po pu
qua que qui quo quu
ra re ri ro ru
sa se si so su
ta te ti to tu
va ve vi vo vu
xa xe xi xo xu
za ze zi zo zu

MOTS D'UNE SYLLABE.

bal	cinq	deux
fil	blanc	cil
dieu	fin	bleu
ciel	dix	fleur
bien	clair	doigt
flat	bœuf	clef
don	foi	bois
clou	donc	foin
bon	cœur	dos
fois	beau	coin
droit	fond	bruit
coq	du	fort

Suite des mots d'une Syllabe.

camp	corps	duc	fou
cap	coup	dur	frais
car	crois	dard	franc
creux	cru	en	front
cri	chat	eux	froid
coi	chien	fut	fard
ces	cou	fait	fruit
cet	dais	fat	frais
ceux	dans	fer	faim
chant	de	feu	fou
chaud	doux	fier	gai
gain	je	loi	mieux
gant	jet	loin	mis
gens	jeu	long	moi
gland	jonc	lors	mois
glu	joug	loup	moins
grain	juin	lourd	mon
grand	jus	lu	mont
gras	la	lui	mort
gré	lac	ma	mot
grec	laid	mai	mou

Suite des mots d'une Syllabe.

gris	lait	main	mur
gros	lard	mais	ne
gras	las	mal	nerf
ha	le	mars	net
haut	lent	maux	neuf
hé	les	me	nez
hors	leur	mer	nœud
huit	lieu	mots	noir
il	lis	miel	noix
ils	lit	mien	mon
non	plat	qui	ses
nos	plein	quai	seul
nous	pleurs	rang	si
nu	pli	rat	sein
nuit	plus	rien	six
nul	poil	ris	soi
œil	point	roi	soif
œuf	pois	rond	sain
oh	poix	roux	soir
on	port	sa	sort
or	pot	sac	son

Suite des mots d'une Syllabe.

os	pou	saint	sert
ou	pour	sans	sot
ours	pré	sauf	sou
pain	prompt	saut	sous
par	puis	se	stric
pas	pur	sec	stuc
peu	quand	sel	su
peur	que	sens	suif
pied	quel	sept	sur
ta	trou	vis	tant
tu	vol	tard	un
vos	te	us	vous
tel	ut	vrai	temps
va	vu	thé	vain
yeux	tien	val	oui
tiers	van	toi	veau
toit	vent	ton	vers
tort	vert	tôt	veuf
tours	vieux	tout	vif
très	vil	tronc	vin
trop	mil	vingt	eau

MOTS DE DEUX SYLLABES.

ba lais
ban dit
bien fait
bois son
bon ne
beau té
bon té
bra ver
cal cul
cap tif
car te
car ton
cé ler

clou er
col le
cor de
cor don
cou cher
cous sin
cou sin
cour tier
cru che
dan ser
dar der
dur cir
de main

Suite des mots de deux Syllabes.

ces ser	el le	fa ble	des sin
far der	des sin	frau der	cet te
fer me	don ner	fier té	cil der
fi ler	glos ser	for mer	glos se
fai re	gros se	fon dre	dos sier
fou dre	gril ler	clai re	dra peau
glan de	ce la	du pe	grai ne
du per	gran de	hau te	clin quant
mi lieu	nom mer	ho la	mien ne
nul le	hé las	mai son	oin dre
je ter	mois son	on de	jeû ner
mon trer	or dre	jou er	mon tre
jeu net	mon ter	os seux	lai de
mon de	ou til	lon gue	mor te
our se	len te	mor dre	our son
len teur	mou dre	pal me	lou gueur
mou lin	pal mier	lar ge	mou ler
pen ser	lar geur	mar quer	par ler
lar der	mus qué	pas ser	lar dier
ner veux	pin cer	mal heur	net te
plan che	mil le	neu ve	plain te

Suite des mots de deux Syllabes.

mil lion	noi re	plis se	plis ser
ron de	tur que	poi son	ru de
tur quie	pri son	rô ti	u ne
pois son	rô tie	u ser	pres ser
sai ne	va loir	prê ter	sain te
val lon	por ter	sau ter	val lée
por te	cé der	vil le	pou le
scé ler	vi lain	pil ler	sè che
van ner	prê cher	sen tir	ver ser
pui ser	seu le	vi ser	puis sant
sol dat	vo ler	quel le	sot te
quel que	sour ce	ver te	rai sin
sor tir	vo tre	ran ger	veu ve
ro cher	trai ter	vi ve	roi de
trot ter	ver dir	no cher	a mour

CHIFFRES.

1234567890

MOTS DE TROIS SYLLABES.

ba lai er   froi du re
a li bi   for te ment
dé li vrer   o li vier
cal cu ler   san gui ne
cap ti ver   pu re té
u ni té   jeu nes se
co lo rier   jou is sant
con trô ler   sin cè re
cor di al   va ni té
pré sen te   lin gè re
ver du re   lin ge rie
cou chet te   loin tai ne
des si ner   lec tu re

Suite des mots de trois Syllabes.

do na teur	lec tri ce	en dur ci
ma ré chal	fer me ment	mi ti ger
flo rai son	mor tel le	fu si on
mon tu re	fran chi se	mou li ner
mu ti ner	quel que fois	ni ve ler
qui con que	nu di té	ra di cal
nul li té	ra tis ser	or du re
rô tis seur	os se mens	gran de ment
for te ment	gras se ment	bon ne ment
sai ne ment	o li ve	sain te ment
hau te ment	clai re ment	sain te té
pal mi er	sen ti ment	plai san ter
sot ti se	sur di té	pois son neux
pon ti fe	sur fi ler	pres su rer
scé lé rat	pon ti fier	tri co ter
pri son nier	tra vail ler	tra cas ser
len te ment	puis san ce	con tra rier
puis san te	cri mi nel	doc te ment

. : ? ! , ; ( ) - '

MOTS DE QUATRE SYLLABES.

a bon dan ce
in ju ri eux
bé né vo le
in té res sant
cal cu la teur
jou is san ce
cap ti vi té
or di nai re
ci vi li té
pa ci fi que
cha ri ta ble
pu ri fi er
cor di a le

pu bli ci té
di a lo gue
qua li fi er
des si na teur
quo ti di en
ex ter mi ner
ré ci pro que
fa ta li té
re ci pro ci té
fer ti li té
re mon tran ce
fu ti li té
sa lu bri té
gé né rale

to ta li té
glo ri fi er
to ta le ment
har mo ni que
de moi sel le
her mi ta ge
e xac te ment
ha bi le ment
stu pi di té
im pos si ble
ha bi le té
é lé gan te
o ri gi ne
hy po thè que

ORAISON DOMINICALE.

Notre Père, qui êtes aux cieux, que votre nom soit sanctifié, que votre règne arrive, que votre volonté soit faite en la terre comme au ciel, Donnez-nous aujourd'hui notre pain quotidien, et nous pardonnez nos offenses comme nous pardonnons à ceux qui nous ont offensés. Et ne nous laissez point succomber à la tentation, mais délivrez-nous du mal.

Ainsi soit-il.

SALUTATION ANGÉLIQUE.

Je vous salue, Marie, pleine de grâce, le Seigneur est avec vous, vous êtes bénie entre toutes les femmes, et béni est le fruit de votre ventre, Jésus.

Sainte Marie, mère de Dieu, priez pour nous pauvres pécheurs, maintenant et à l'heure de notre mort. Ainsi soit-il.

LES DOUZE ARTICLES DU SYMBOLE.

1. Je crois en Dieu, le Père tout-

puissant, créateur du ciel et de la terre,

2. Et en Jésus-Christ son Fils unique notre Seigneur,

3. Qui a été conçu du Saint-Esprit et est né de la Vierge Marie,

4. Qui a souffert sous Ponce-Pilate, a été crucifié, est mort et a été enseveli,

5. Est descendu aux enfers, et le troisième jour est ressuscité des morts,

6. Est monté aux cieux, est assis à la droite de Dieu le Père tout-puissant,

7. De là viendra juger les vivans et les morts.

8. Je crois au Saint-Esprit,

9. La Sainte Eglise Catholique, la Communion des Saints,

10. La rémission des péchés,

11. La résurrection de la chair,

12. La vie éternelle. Ainsi soit-il.

Un Enfant Chrétien doit voir chaque jour en quoi il a mal fait, et dire :

Je me confesse à Dieu tout-puissant, à la bienheureuse Marie toujours Vierge, à saint Michel Archange, à saint Jean-

Baptiste, aux Apôtres saint Pierre et saint Paul, à tous les Saints; et à vous, mon Père, parce que j'ai beaucoup péché par pensées, par paroles, par actions et par omissions, par ma faute, par ma faute, par ma très-grande faute. C'est pourquoi je prie la bienheureuse Marie toujours Vierge, saint Michel Archange, saint Jean-Baptiste, les Apôtres saint Pierre et saint Paul, tous les Saints, et vous, mon Père, de prier pour moi le Seigneur notre Dieu.

Que le Seigneur tout-puissant et miséricordieux nous accorde le pardon, l'absolution et la rémission de nos péchés.

LES DIX COMMANDEMENS DE DIEU.

1. Un seul Dieu tu adoreras et aimeras parfaitement.
2. Dieu en vain tu ne jureras, ni autre chose pareillement.
3. Les Dimanches tu garderas, en servant Dieu dévotement.
4. Père et Mère honoreras, afin de vivre longuement.

5. Homicide point ne seras, de fait ni volontairement.
6. Luxurieux point ne seras, de corps ni de consentement.
7. Les biens d'autrui tu ne prendras ni retiendras à ton escient.
8. Faux témoignage ne diras, ni ne mentiras aucunement.
9. L'œuvre de chair ne désireras qu'en mariage seulement.
10. Les biens d'autrui ne convoiteras pour les avoir injustement.

LES SIX COMMANDEMENS DE L'EGLISE.

1. Les Fêtes tu sanctifieras, qui te sont de commandement.
2. Les Dimanches la Messe ouïras et les Fêtes pareillement.
3. Tous tes péchés confesseras, à tout le moins une fois l'an.
4. Ton Créateur tu recevras, au moins à Pâques humblement.
5. Quatre-Temps, Vigiles jeûneras et le Carême entièrement.

6. Vendredi chair ne mangeras, ni le Samedi mêmement.

C'est une espèce d'impiété, de manger sans invoquer le Nom de Dieu.

Bénissez-nous, Seigneur, et ce que vous nous donnez pour la nourriture de nos corps, faites-nous la grâce d'en user sobrement. Au nom du Père et du Fils et du Saint-Esprit. Ainsi soit-il.

Il y a de l'ingratitude à ne pas remercier Dieu après le repas.

Seigneur Dieu, nous vous remercions de ce qu'il vous a plu nous donner pour la nourriture de notre corps ; conservez votre grâce dans nos âmes, afin que nous puissions vous voir, vous louer, et vous aimer dans toute l'éternité.

Que les âmes des fidèles reposent en paix, par la miséricorde de Dieu. Ainsi soit-il.

Mon cher Enfant, vous connaissez vos lettres, vous savez épeler des syllabes et des mots; il faut maintenant apprendre à lire. Travaillez à cela avec courage pour devenir un bon chrétien, un bon citoyen et pour savoir mettre ordre à vos affaires.

Faites usage de votre raison, et concevez que Dieu vous a créé pour le connaître, l'aimer et le servir, et par ce moyen arriver à la vie éternelle.

On vous apprendra comment, depuis le péché originel, Dieu a condamné les hommes au travail.

Celui qui ne travaille point et qui ne veut point travailler, ne sert point Dieu, et ne l'aime point ; car une telle paresse est un péché mortel.

L'homme est né pour travailler, comme l'oiseau pour voler.

Celui qui ne veut point travailler n'est pas digne de manger.

Qui est oisif dans sa jeunesse, travaillera dans sa vieillesse.

Vous ne savez pas, mon cher Enfant,

si votre vie sera longue ou courte. Travaillez comme si vous deviez vivre long-temps. Vivez comme si vous deviez mourir bientôt.

Vos bons et chers Parens vous ont donné la naissance ; ils ont bien pris de la peine pour vous, lorsque vous ne pouviez ni marcher ni parler.

Vos bons et chers Parens vous fournissent la nourriture, le vêtement et toutes choses.

Vos aimables Parens espèrent présentement que vous apprendrez ce qui vous est nécessaire pendant le cours de la vie.

Cette vie est pleine d'affaires et d'embarras qui vous causeront de la peine, si vous ne savez bien parler, bien lire et bien écrire.

On estime une personne qui sait bien parler, bien lire et bien écrire : on dit qu'elle a reçu une bonne éducation.

Celui qui ne sait point ces choses est regardé comme un homme de néant. On se moque de celui qui parle mal. Celui qui ne sait pas lire est aveugle la moitié du temps. De quoi est-on capable quand on ne sait point écrire ?

Ecoutez avec respect et avec attention ceux qui vous enseignent. Ne les attristez point, ne les faites point mettre en colère. S'ils sont obligés de vous châtier, recevez la correction avec humilité. Le Saint-Esprit a dit que la folie est attachée au cou de l'enfant, et que la verge de la correction la chassera. Regardez-les comme des envoyés de Dieu, pour vous donner l'éducation souverainement nécessaire, et la plus douce consolation des misères de la vie.

LES DEUX POMMIERS.

Fable.

Un enfant se plaignait beaucoup de ce qu'on le contraignait de travailler chaque jour à son instruction, il eût bien mieux aimé jouer et faire toutes ses volontés.

Son père le mena un jour dans un bois voisin, et lui montra un pommier sauvage qui n'avait que des fruits gros comme des noix, et si verts qu'on ne pouvait les manger. L'enfant demanda pourquoi cet arbre ne portait pas d'aussi belles pommes que les arbres de la même espèce qui se trouvaient dans le jardin de son papa.

En voici la raison, répondit le père ; on a cultivé avec soin les pommiers de mon jardin, et l'on a abandonné à eux-même ceux de cette forêt.

C'est là précisément ce qui arriverait de toi si l'on ne cultivait pas ta jeune raison ; ta serais comme ce pommier des bois : tu ne produirais rien de bon, et tu paraîtrais un véritable sauvage au milieu des personnes bien élévées.

Sophie la bonne Fille.

Sophie était la plus aimable petite fille qu'on pût voir ; jamais elle n'était fâchée, jamais elle ne pleurait, elle souriait continuellement, et semblait ne vivre que pour obliger tout le monde.

Quand elle se levait le matin, elle avait soin de ne pas faire de bruit, parceque sa grand'maman, qui était bien vieille, bien vieille, restait un peu plus tard que les autres dans son lit. Après avoir prié le bon Dieu, à genoux devant sa petite chaise, elle prenait son livre et étudiait un peu la leçon qu'on lui avait donnée la veille ; puis elle venait d'un air content demander son déjeûner ; jamais on ne l'entendait se plaindre de ce qu'on lui avait donné.

Je n'ai pas besoin de vous dire qu'elle courait embrasser son papa et sa maman dès qu'elle les voyait, et qu'elle souhaitait le bonjour à tout le monde ; elle était si bonne, que dire quelque chose d'agréable était son plus grand plaisir.

Quand elle allait se promener, si elle rencontrait un pauvre elle lui offrait le peu dont elle pouvait disposer ; si elle n'avait rien, elle le regardait au moins avec bonté.

Jamais elle ne revenait des champs sans rapporter une fleur pour sa mère ; elle savait que cela lui valait un baiser.

Tant qu'elle avait quelque chose à faire on ne la voyait point jouer ; elle se disait :

Il faut que je me dépêche d'étudier ma leçon, j'aurai plus de temps à donner au plaisir. Quand on la grondait elle se taisait et tachait de mieux faire.

Elle était d'une propreté ravissante ; sa petite chambre était toujours parfaitement bien rangée, ses livres n'avaient aucune tache, et son écriture n'était point barbouillée de gros vilains pâtés noirs.

A table elle se comportait avec la plus grande décence, attendait qu'on la servît, et ne se mêlait de la conversation qu'autant qu'on l'y engageait.

Comme elle était assise à côté de son plus jeune frère, elle veillait à ses besoins, lui coupait son pain, sa viande, pelurait sa poire ou sa pomme, soutenait son verre quand il buvait, essuyait sa bouche, et accompagnait ses soins de mots d'amitié et de caresses.

Enfin elle était si aimable et si douce, si complaisante et si soigneuse, qu'on ne l'appelait généralement que la Bonne petite Fille.

Je conseille beaucoup à toutes les jeunes demoiselles de son âge de faire tous leurs efforts pour lui ressembler et pour mériter un surnom aussi beau et aussi agréable.

Le plaisir d'avoir été bien sage.

Anecdote.

JE passais un jour devant une maison, et je vis une petite fille à moitié cachée dans un coin, tenant un morceau de pain sec d'une main et de l'autre essuyant ses yeux avec son mouchoir : Cela annonçait un grand chagrin ; je m'approchai pour la consoler.

Hé ! qu'avez-vous donc ma belle enfant ? lui demandai-je, contez-moi vos petites peines, j'y trouverai peut-être un remède.

J'eus beau lui faire des questions, elle s'obstina à ne point me répondre ; elle boudait et n'ôtait point la vue de dessus son morceau de pain sec.

Les petites filles qui boudent sont ordinairement bien moins jolies que les autres ; elles avancent de grosses lèvres, regardent en dessous, et sont toujours prêtes à vous donner un coup de coude quand elles se retournent, pour ne pas laisser voir leur vilaine figure.

Je me retirai dès que je m'aperçus que cette petite fille était une boudeuse ; sa mère, qui survint, me dit que j'avais bien raison de ne point m'en occuper : Elle ne le mérite pas, ajouta-t-elle ; elle a désobéi à sa mère, et n'a point étudié sa leçon.

En ce cas, madame, repliquai-je, je me garderai bien de lui parler davantage ; je n'aime pas du tout les petites filles désobéissantes et paresseuses ; laissons-la dans son coin ; et je m'en allai.

Le lendemain je repassai devant la même maison : en approchant j'entendis des éclats de rire, et bientôt je vis une petite fille qui jouait sur le gazon. Je ne me doutais guère que ce fût là ma vilaine boudeuse de la veille ; c'était pourtant elle-même.

Dès qu'elle m'eut reconnu elle accourut toute joyeuse au devant, et me dit cinq à six fois de suite : J'ai bien lu ma leçon aujourd'hui, et je n'ai pas désobéi à maman.

Aussi, lui dis-je, êtes-vous plus contente qu'hier, et je suis bien sûr que vous n'avez pas mangé du pain tout sec. Non, monsieur : maman m'a donné une bonne tartine de confitures.

Voyez, ma petite amie, lui dis-je en prenant ses petites mains et les pressant dans les miennes; voyez quelle différence il y a entre votre sort d'hier et celui d'aujourd'hui. Hier vous avez désobéi et mal étudié ; aussi avez-vous été punie et malheureuse. aujourd'hui, que vous n'avez rien fait de semblable, tout le monde vous caresse, et vous n'avez aucun chagrin. Hier vous m'avez fait peur, tant vous étiez laide ; aujourd'hui vous me paraissez si jolie que je vais vous embrasser.

Après l'avoir effectivement embrassée, je tirai de ma poche ma bonbonnière, et je présentai des bonbons à la petite fille, en l'invitant à en prendre. Elle en prit un, un seul, et même des plus petits. Charmé de sa modération, qui me faisait connaître qu'elle n'était pas gourmande, je lui en mis cinq à six autres dans la main, et je la quittai en lui disant : Souvenez-vous, mon enfant, que vous ne serez jamais contente que quand vous aurez bien rempli vos devoirs.

Le Dromadaire.

Le Dromadaire et le Chameau sont deux animaux de la même nature. Le Chameau est plus grand, porte deux bosses sur le dos, et sert plus particulièrement au transport des charges lourdes. Le Dromadaire n'a qu'une bosse, et comme il est plus léger, on l'emploie; c'est daus des panniers suspendus à sa bosse qu'on s'assied, et que l'on fait ainsi jusqu'à trente lieues par jour, dans les déserts de l'Afrique; une heure de repos et une pelotte de pâte lui suffisent chaque jour; il peut rester neuf jours sans boire.

Aussi, lorsqu'il trouve quelque marre d'eau, il en boit non seulement pour étancher sa soif; mais encore pour la soif à venir, son estomac étant construit de manière à contenir un dépôt de liquide en réserve. On dresse le Dromadaire à s'accroupir sous sa charge; si elle est trop pesante, il se rebute et jette des cris lamentables. Sans le secours de cet animal il serait impossible de traverser les déserts; aucune autre bête de somme ne pourrait supporter les privations de toutes espèces qu'un tel trajet offre. Le Dromadaire vit environ trente ans. Les naturels du pays mangent sa chair qu'ils trouvent succulente. Son poil sert dans la chapellerie. On l'emploie aussi à la fabrication de certaines étoffes.

Le Loup et le Chevreau.

Fable.

Une Chèvre allant paître enferma son chevreau dans sa loge en lui recommandant de n'ouvrir à personne. Un Loup vint frapper à la porte, en le priant d'une voix douce de lui ouvrir, et lui faisant des protestations d'amitié ; le Chevreau méprisant les ordres de sa mère, ouvrit et fut mis en pièces par le Loup.

Jeunes gens ! suivez toujours les ordres de vos parens.

Le Coq et la Perle.

Fable.

Un Coq trouva une perle en becquetant sur un fumier; il la rejette, et dit: Un lapidaire se réjouirait d'une semblable fortune; mais pour moi que m'importe une pareille trouvaille; je m'estimerais beaucoup plus heureux d'avoir rencontré un grain d'orge ou d'avoine.

Le sage préfère l'utile à l'agréable.

LA GRENOUILLE ET LE BŒUF.

Fable.

Une Grenouille voyant un Bœuf qui paissait paisiblement près d'un marais, l'envie lui prit de devenir aussi grosse que lui ; pour cet effet elle se gonfla de toutes ses forces, en disant à sa fille : Me voilà bien aussi grande. Vous n'en approchez pas, lui dit l'autre. Elle fit alors tant d'effort qu'elle creva.

Soyons contens de notre sort et ne cherchons pas à nous élever au-dessus de notre état.

www.ingramcontent.com/pod-product-compliance
Lightning Source LLC
Chambersburg PA
CBHW060903050426
42453CB00010B/1556